CATALOGUE

DES

TABLEAUX MODERNES

ET ANCIENS

OBJETS DE CURIOSITÉ

*Dépendant de la succession de feu M. P****

DONT LA VENTE AURA LIEU

HOTEL DROUOT, SALLE N° 3

Le Lundi 31 Mars 1873

A deux heures.

Par le ministère de Mᵉ BOULOUZE, Commissaire-Priseur, 24, rue de Châteaudun,
Et de son confrère Mᵉ CHARLES PILLET, 10, rue de la Grange-Batelière,
Assisté pour les Tableaux, de M. DURAND-RUEL, Expert, 16, rue Laffitte,
Et pour les Objets d'Art, de M. REFF, 13, rue Drouot.

Chez lesquels se trouve le présent Catalogue.

EXPOSITIONS
PARTICULIÈRE : Le Samedi 29 Mars 1873.
PUBLIQUE : Le Dimanche 30 Mars 1873.

CONDITIONS DE LA VENTE

Elle sera faite au comptant.

Les acquéreurs payeront, en sus des adjudications, *cinq pour cent* applicables aux frais.

N. B. — La partie des Monnaies ayant été confiée aux soins de MM. Rollin et Feuardent, Expers, le Catalogue a été tiré à part.

La vente aura lieu salle n° 3, le Mardi 1er Avril 1873.

Paris. — Imprimerie Pillet fils aîné, rue des Grands-Augustins, 5.

1873 (Mars 31)

Collection de feu M. P***

TABLEAUX MODERNES

ANCIENS

OBJETS D'ART

EXPOSITIONS :

PARTICULIÈRE	PUBLIQUE
Le Samedi 29 Mars 1873.	*Le Dimanche 30 Mars 1873.*

COMMISSAIRES-PRISEURS :

Mᵉ BOULOUZE,	Mᵉ CHARLES PILLET,
24, rue de Châteaudun.	10, rue de la Grange-Batelière.

EXPERTS :

Pour les Tableaux.	*Pour les Objets d'Art.*
M. DURAND-RUEL,	M. RIFF,
16, rue Laffitte.	13, rue Drouot.

DÉSIGNATION

Tableaux Modernes

—

BARON (H.)

1 — Danseuse mauresque.

Haut., 20 cent.; larg., 23 cent.

CICERI (EUG.)

2 — Une Fabrique au pied des Alpes.

Haut., 30 cent.; larg., 42 cent.

COROT

3 — Le Matin. Paysage.

Haut., 28 cent.; larg., 34 cent.

COROT

4 — Vue d'Amsterdam. Soleil couchant.

Haut., 22 cent.; larg., 45 cent.

COIGNARD

5 — Bœufs à l'abreuvoir.

Haut., 47 cent.; larg., 28 cent.

DAUBIGNY

6 — Vue d'un étang dans l'Isère.

Haut., 34 cent.; larg., 57 cent.

DECAMPS

7 — La Fuite en Egypte.

Haut., 25 cent.; larg., 32 cent.

FRÈRE (ED.)

8 — La Toilette.

Haut., 44 cent.; larg., 32 cent.

FRÈRE (ED.)

9 — La Lecture.

Haut., 35 cent.; larg., 27 cent.

FRÈRE (ED.)

10 — La Cuisine.

Haut., 37 cent.; larg., 28 cent.

GIRARDET (KARL)

11 — Une rue au Caire.

Haut., 16 cent.; larg., 24 cent.

GIRARDET (KARL)

12 — Egyptiens puisant de l'eau.

Haut., 40 cent.; larg., 32 cent.

GIRARDET (KARL)

13 — Vue des bords du Nil.

Haut., 24 cent.; larg., 31 cent.

GIROUX

14 — Chevaux à l'abreuvoir.

Haut., 27 cent.; larg., 40 cent.

HINTZ (J.)

15 — Une plage en Normandie.

Haut., 21 cent.; larg., 32 cent.

HOGUET

16 — Bateau pêcheur en mer.

Haut., 30 cent.; larg., 26 cent.

HOGUET

17 — Paysage. Environs de Paris.

Haut., 20 cent.; larg., 33 cent.

ISABEY (EUGÈNE)

18 — Chaumières de pêcheurs au bas d'une falaise.

Haut., 28 cent.; larg., 24 cent.

ISABEY (EUG.)

19 — La Marée basse.

Haut., 20 cent.; larg., 30 cent.

LAMBINET

20 — Paysage. Site de Normandie.

Haut., 38 cent.; larg., 59 cent.

LONGUET

21 — Paysage avec figures. Baigneuses.

Haut., 28 cent.; larg., 21 cent.

OUVRIÉ (JUSTIN)

22 — Marché près d'une église, en Sicile.

Haut., 44 cent.; larg., 36 cent.

PLACE

23 — Marine.

Haut., 46 cent.; larg., 66 cent.

PLASSAN

24 — Le Verre d'eau.

Haut., 18 cent.; larg., 14 cent.

RENIE

25 — Route dans une forêt.

ROQUEPLAN (CAMILLE)

26 — Paysage avec figures.

Haut., 21 cent.; larg., 27 cent.

ROSSI

27 — Vue de Rome.

Haut., 85 cent.; larg., 125 cent.

ROUSSEAU (TH.)

28 — Le Bateau.

Haut., 21 cent.; larg., 27 cent.

TROYON

29 — Bœufs au pâturage.

Haut., 34 cent.; larg., 84 cent.

Dessins

DECAMPS

30 — Sépia.

EISEN

31 — Scène pastorale.

Mine de plomb.

Tableaux Anciens

BIDAU (École de)

32 — Paysage avec figures et animaux.

Haut., 23 cent.; larg., 31 cent.

ÉCOLE VENITIENNE

33 — Portrait de femme.

Haut., 100 cent.; larg., 83 cent.

FRANCK

34 — Esther chez Assuérus. (Cuivre.)

Haut., 34 cent.; larg., 43 cent.

HEEM (CORNEILLE DE)

35 — Fruits.

Haut., 71 cent.; larg., 61 cent.

HEEM (CORNEILLE DE)

36 — Nature morte.

Haut., 90 cent.; larg., 63 cent.

LATOUR (École de)

37 — Portrait de femme.

LATOUR (École de)

38 — Portrait de jeune femme. (Pastel.)

PORBUS (LE VIEUX)

39 — Portrait d'une dame hollandaise.

Haut., 110 cent.; larg., 82 cent.

RIGAULT (École de)

40 — Personnage du temps de Louis XIV.

Haut., 80 cent.; larg., 65 cent.

RUBENS (École de)

41 — Portrait d'un magistrat.

Haut., 112 cent.; larg., 85 cent.

Bijoux anciens

42 — Tabatière de forme ovale en or, ornée d'une miniature : portrait d'un personnage du temps de Louis XVI.

43 — Boîte en vernis Martin, avec cercles en or. Epoque Louis XVI.

44 — Jolie boîte en or. Epoque Louis XVI.

45 — Autre boîte en écaille fondue, ornée d'une miniature, représentant un geôlier au temps de la Révolution.

46 — Boîte ronde en ambre rouge sculpté.

47 — Joli étui Louis XVI, en or.

48 — Montre en or du temps de Louis XVI, au nom de Dutertre, à Paris.

49 — Petite montre en or. Epoque Louis XVI.

50 — Montre en or, ornée d'émaux, de Genève, et entourée d'opales.

51 — Montre en or, au nom de Zemmeret, à Paris.

52 — Médaillon à deux faces, en or, orné de deux miniatures, du temps de Louis XVI.

53 — Très-belle bague marquise en or, à jour, garnie de brillants, et montée d'une aigue-marine avec figure d'Hébé gravée en intaille.

54 — Cachet en cristal de roche gravé : tête d'empereur romain.

55 — Petit bijou en or en forme de clef de montre, indiquant les quantièmes et les phases de la lune. Epoque Louis XVI.

56 — Une paire de boucles d'oreilles en perles baroques, garnies en or.

57 — Trois cachets en or et une bague marquise.

58 — Deux porte-crayons en or.

59 — Etui en vernis Martin, garni en or.

60 — Etui en ivoire sculpté. Louis XVI.

61 — Quatre petites boucles en argent. Louis XVI.

Curiosités diverses

62 — Deux groupes en bronze : les Baisers, de C. Houdon ; socles en griotte et bronze doré. Epoque Louis XVI.

63 — Figure d'Hébé. Bronze. Epoque Louis XIV.

64 — Hercule Farnèse Bronze. Même époque.

65 — Plat en faïence d'Urbino : le Jugement de Salomon.

66 — Charmant petit coffret en buis finement sculpté : Scène d'orgie. Epoque Louis XIII.

67 — Statuette en ivoire, travail de Dieppe.

68 — Portrait de jeune femme du temps de Louis XIII. Miniature.

69 — Petit siége pliant, en bois, très-finement sculpté. Epoque Louis XIII.

70 — Deux groupes en vieux Saxe. Figures de la Comédie italienne.

71 — Coffret en marqueterie de Boule. Ancien.

72 — Deux statuettes en porcelaine de Saxe.

73 — Faisan en porcelaine de Saxe.

74 — Cruche en grès de Flandre.

75 — Fauteuil en bois sculpté, couvert en tapisserie. Epoque Louis XIII.

76 — Canne à épée du temps de Louis XVI, garniture en or.

www.ingramcontent.com/pod-product-compliance
Lightning Source LLC
LaVergne TN
LVHW010904180726
843502LV00010B/3962